8
LN27
41524

RECHERCHES ICONOGRAPHIQUES

SUR

CHARLES DE FRANCE

DUC DE BERRY, DE NORMANDIE ET DE GUYENNE,
FRÈRE DE LOUIS XI

PAR

HENRI STEIN

PARIS
TYPOGRAPHIE DE E. PLON, NOURRIT et Cie
RUE GARANCIÈRE, 8

1892

CHARLES DE FRANCE ROI DE VIENNE
reçoit des mains du sénéchal Pelet de Lula les clés de la ville d'Agen
(Archives municip. d'Agen AA 19)

RECHERCHES ICONOGRAPHIQUES

SUR

CHARLES DE FRANCE

Ce mémoire a été lu à la réunion des Sociétés des Beaux-Arts des départements, tenue dans l'hémicycle de l'École des Beaux-Arts, à Paris, le 8 juin 1892.

RECHERCHES ICONOGRAPHIQUES

SUR

CHARLES DE FRANCE

DUC DE BERRY, DE NORMANDIE ET DE GUYENNE,

FRÈRE DE LOUIS XI

PAR

HENRI STEIN

PARIS

TYPOGRAPHIE DE E. PLON, NOURRIT ET Cⁱᵉ

RUE GARANCIÈRE, 8

1892

RECHERCHES ICONOGRAPHIQUES

SUR

CHARLES DE FRANCE

L'iconographie du quinzième siècle, malgré les efforts de Vallet de Viriville et de ceux qui le suivent aujourd'hui dans cette voie, promet encore quelques découvertes, croyons-nous ; nous sommes loin d'avoir expliqué toutes les énigmes et répondu à toutes les hypothèses.

L'attention, naturellement, s'est portée tout d'abord sur la figure des rois, dont on voulait, en dépit des fantaisies d'un autre âge, posséder le profil exact. Mais les études, dans ce sens, n'ont pas été continuées assez loin pour que nous soyons aussi bien fixés, d'une manière définitive, sur la figure des reines, des princes du sang et des grands dignitaires de la cour.

Il est vrai de dire que, pour certains personnages, une recherche même approfondie amènera difficilement un résultat certain, tant sont variables et variées les formes sous lesquelles ils se présentent à nous, même dans l'art contemporain, et pour ainsi dire officiel. Je l'ai vérifié pour quelques-uns, et je voudrais me contenter de le montrer aujourd'hui pour l'un d'entre eux, Charles de France, fils de Charles VII et de Marie d'Anjou, qui eut, dans son existence courte, mais remuante, successivement les duchés de Berry, de Normandie et de Guyenne en partage. Plus connu sous le nom de duc de Guyenne, il mourut en 1472, à l'âge de vingt-six ans.

Nous connaissons deux portraits authentiques de Charles de France. Le premier, déjà signalé par M. Paul Durrieu, fait partie du groupe des membres de l'Ordre de Saint-Michel, où le frère du

Roi, par sa situation prépondérante dans le royaume, se trouve être très en vue. Le second, inédit jusqu'à présent, a été dessiné dans une très belle charte originale où le duc de Guyenne reçoit des mains du sénéchal Robert de Balsac les privilèges de la ville d'Agen.

Le premier est à Paris, à la Bibliothèque nationale, dans le manuscrit français 19819; le second est aux Archives municipales d'Agen, sous la cote AA. 14.

En décrivant la peinture historique du manuscrit 19819, dont M. Paul Durrieu fait remonter l'honneur au célèbre Jean Foucquet[1], cet érudit s'explique ainsi : « Jusqu'à présent, on ne possédait aucun renseignement iconographique quelconque concernant ce prince [le duc de Guyenne], dont la vie fut si agitée par les intrigues et sur qui une mort mystérieuse jette un certain intérêt romanesque. » Nous sommes heureux de pouvoir fournir un renseignement nouveau qui va nous permettre, sans doute, de mieux connaître l'exacte physionomie de ce jeune prince, faible et inconstant, dont le plus grand tort fut d'être l'homme lige et le serviteur dévoué du plus grand ennemi de la France. D'une nature peu propre à l'intrigue, sans prétentions personnelles, il se laissa dicter, par ceux qui se servaient de lui, une ligne de conduite peu digne de sa haute situation.

L'Ordre de Saint-Michel fut institué par ordonnance royale du 1ᵉʳ août 1469. Parmi les quinze premiers chevaliers créés se trouvent : Charles de France, frère du Roi; Jean II, duc de Bourbon; le connétable de Saint-Pol, le comte de Sancerre, etc. Le peintre, chargé de représenter dans une miniature la première séance de l'Ordre, a naturellement observé l'ordre hiérarchique, aussi bien que le costume indiqué par les statuts[2]; par suite, cette peinture a un caractère d'authenticité formel. Au milieu, le Roi, fondateur de l'Ordre, est assis, et autour de lui sont placés, debout, les chevaliers. Au premier plan, de chaque côté, doivent nécessairement se trouver les deux personnages les plus importants de cette première promotion, à savoir, le duc de Guyenne et le duc de Bourbon. Il a été facile à M. Durrieu de prouver quelle

---

[1] *Gazette archéologique*, 1889, p. 61-80 et pl. XIV.
[2] Charles de France et cinq autres personnages sont coiffés d'un bonnet bleu; les autres ont le bonnet noir, sauf le chancelier, qui le porte rouge. Il y a à cette différence une raison qui n'a pas été expliquée.

— 7 —

place avait été réservée au frère du Roi, dont nous donnons ici la reproduction fidèle.

Cette miniature a d'autant plus de prix, à nos yeux, qu'elle se trouve dans l'exemplaire même des statuts, écrit et enluminé pour le frère de Louis XI, pour Charles de France; il porte, en effet, au milieu de la marge inférieure du frontispice, l'écusson de Guyenne

(mi-parti France, mi-parti Angleterre), dont l'existence est pour nous une nouvelle raison de supposer que le portrait du duc de Guyenne doit être particulièrement soigné et se rapprocher aussi vraiment que possible de la nature. Notre avis est que ce manuscrit a été exécuté en 1469, tout aussitôt après la création de l'Ordre de Saint-Michel[1] : Charles de France, âgé de vingt-trois ans, porte naturellement le costume et les insignes de sa nouvelle dignité.

[1] Il existe d'autres miniatures représentant l'institution de l'Ordre de Saint-Michel, à Paris, à Saint-Germain en Laye et ailleurs; mais elles ne sont plus contemporaines et par conséquent n'offrent plus le même intérêt au point de vue icono-

— 8 —

Il est représenté de trois quarts à droite; il a la figure légèrement bouffie, l'œil terne, en somme l'air peu intelligent.

C'est à peu près la même idée que l'on se fera du frère de Louis XI en examinant la seconde miniature, retrouvée par nous aux Archives municipales d'Agen.

La ville d'Agen, voulant conserver ses privilèges, demanda au nouveau duc de Guyenne de les lui confirmer. Il fut fait droit à cette requête, et Charles, en envoyant aux Agenais la charte qu'ils avaient sollicitée, et qui est une fort belle pièce historique[1], chargea quelque artiste, probablement bordelais, de le représenter sur le parchemin même. L'artiste eut l'heureuse idée d'utiliser la première lettre de la charte, l'initiale K du mot KAROLVS, pour offrir aux « manans et fidèles habitans » de la ville d'Agen le spectacle du sénéchal Robert de Balsac[2], représentant de l'autorité ducale dans le pays, aux pieds du duc assis sur son trône et recevant de ses mains les *Registrata* scellés, qui ne sont autres que la charte de privilèges sollicitée.

Bien que le parchemin soit en cet endroit légèrement froissé, bien que le talent de l'artiste soit très loin d'égaler le pinceau de Jean Foucquet, nous n'avons pas moins là une scène gracieuse et que l'on peut supposer fidèle, d'un goût sobre et naturel, et une représentation curieuse d'un événement officiel. Cette miniature, fort intéressante pour l'histoire du costume (aussi bien de celui du duc que de celui du sénéchal), nous donne le profil de Charles de Guyenne, assis sur son trône, imberbe, coiffé du chaperon et vêtu d'un grand manteau rouge, rehaussé au col d'or et de pierreries[3]. Mais, physiquement, ce n'est plus notre jeune prince joufflu de

---

graphique. On en trouvera la nomenclature et la description dans la *Notice sur un manuscrit du seizième siècle contenant le texte des statuts de l'Ordre de Saint-Michel appartenant à la Bibliothèque communale de Saint-Germain en Laye*, par A. Dutilleux (Versailles, 1884, in-8°). — Sur une médaille de bronze relative au même événement, voir Al. Heiss, *Les médailleurs de la Renaissance; II. François Laurana* (Paris, 1882, in-fol.).

[1] Elle sera publiée dans un travail complet que nous préparons sur *Charles de France*.

[2] On trouvera d'intéressants renseignements sur ce personnage dans *Le chemin de l'Ospital*, par Robert de Balsac, sénéchal d'Agenais et de Gascogne, nouvelle édition, par Ph. Tamizey de Larroque, Montpellier, 1887, in-8° (extrait de la *Revue des langues romanes*).

[3] Voir ci-contre, pl. hors texte.

tout à l'heure, tel que nous le donne Jean Foucquet; c'est maintenant un homme à l'aspect dur, qui ne paraît plus jeune (quoiqu'il n'ait que vingt-cinq ans, la charte étant donnée en 1471), et qui, en vieillissant vite, semble vouloir ressembler un peu à son frère le roi de France.

Pourquoi ses traits se sont-ils modifiés ainsi? Faut-il en chercher la raison dans les troubles que dut subir, à la suite de tous les événements politiques dont il était le prétexte ou la cause inconsciente, cette intelligence peu développée et peut-être rongée par le remords?

La physionomie de Charles de Guyenne, dans la miniature d'Agen, a cependant une apparence de vérité incontestable, et la ressemblance des traits avec ceux de son frère nous paraît en être une suffisante garantie.

Au-dessous du trône sur lequel le duc est assis, une banderole dorée porte en lettres capitales deux mots que nous croyons pouvoir lire : IOHA[N] GVILHET. Nous avons vainement cherché l'explication de ces deux noms à cette place, et, comme ce n'était point l'habitude, au quinzième siècle, chez les artistes, de signer leurs œuvres et de laisser leurs noms à la postérité, nous n'osons pas nous demander s'il ne faut pas reconnaître là l'auteur de la miniature, l'artiste bordelais[1] auquel Charles de France aurait confié le soin de le représenter sur la charte de privilèges octroyée, en 1471, aux habitants de la ville d'Agen.

On possède encore, chez M. le comte de Cholet, au château de Beauregard, près Blois, un portrait de Charles de France qui a été peint au dix-septième siècle et qui fait partie d'une suite qualifiée de médiocre[2] par M. H. Bouchot. Comme la fantaisie a régné en maîtresse dans toutes les représentations de cette galerie qui se rapportent à une époque antérieure au règne de Henri II, nous ne regrettons guère de ne pouvoir donner en connaissance de cause notre avis sur cette toile spéciale, et nous ne pensons pas que son auteur ait eu sous les yeux, pour traiter son sujet, un modèle qui en fût contemporain.

[1] On connaît très peu d'artistes bordelais de cette époque. L'un des principaux devait être Antoine Petit. Cf. *Les Beaux-Arts à Bordeaux*, par Ch. MARIONNEAU (Bordeaux, 1892, in-4°), p. 9.
[2] Cf. *Les portraits aux crayons des seizième et dix-septième siècles*, par H. BOUCHOT (Paris, 1884, in-8°), p. 124.

Médaille de Charles, duc de Guyenne (1470).

L'art contemporain nous a laissé quelques autres documents sur le frère de Louis XI. Nous voulons parler des monnaies frappées à son effigie[1], puis d'une médaille[2], de 0^m,065 de diamètre, le représentant comme duc de Guyenne.

Le duc, revêtu d'un long manteau, porte une couronne de fleurs de lis ouverte, et tient de la main droite l'épée de justice, de la gauche un objet que nous ne pouvons déterminer, peut-être un sceptre. Il est placé sous un pavillon bordé aux armes de France et de Guyenne, dont les coins sont relevés par deux anges. Au pied du duc est un écusson écartelé de France et de Guyenne (de gueules au lion léopardé d'or, armé et lampassé d'azur). Tout autour se lit cette légende :

DEVS : IVDICIVM : TVVM : REGI : DA : ET : IVSTICIAM : TVAM : FILIO : REGIS

Au revers est gravée cette autre :

DEVS : KAROLVS : MAXIMVS : AQVITANORVM : DVX : ET : FRANCORVM : FILIVS

Et l'on y voit, dans une rosace à redents fleuronnés, le duc armé de toutes pièces, à cheval, se dirigeant à droite, avec une cotte aux armes de France et de Guyenne et brandissant une épée ; la visière de son casque est levée, et une grande fleur de lis sert de cimier ; le cheval est revêtu d'un caparaçon brodé aux armes de France et de Guyenne[3].

On a déjà remarqué[4] que la première inscription était tirée du premier verset du LXXIe psaume de David. Le choix de ces mots couvre une idée que l'on devine sans peine, et fait allusion aux insurrections du dauphin Louis contre son père, et à la pensée qu'avait eue Charles VII, un instant, de faire passer la couronne sur la tête de son second fils, comme fit David pour Salomon.

[1] Voir notamment E. Caron, *Monnaies féodales françaises* (Paris, 1882, in-4°), n°s 270 à 275, et *Bibliothèque nationale*, manuscrits Clairambault, vol. 281, p. 22.

[2] Nous en connaissons une épreuve en or au Cabinet des médailles, à Paris, et une en argent, retrouvée par hasard en Hollande, dans la collection de M. Gaston Le Breton, à Rouen. C'est bien une médaille, et non un sceau, comme l'a dit par erreur le *Trésor de numismatique et de glyptique* (Paris, 1836, in-4°), p. 26, et d'après lui le président de Montégut, *Dix entrées solennelles à Périgueux* (Bordeaux, 1882, in-8°), p. 89.

[3] Cette médaille a été publiée pour la première fois dans Deby, *Les familles de France illustrées* (Paris, 1636, in-4°), p. 59-61.

[4] Le président de Montégut, *op. cit.*, p. 90.

L'épithète sonore dont le duc s'est paré dans la seconde inscription peut paraître ambitieuse; mais elle cadre bien avec ses visées, avec ses actes.

En dehors de son intérêt intrinsèque et de sa valeur artistique, la médaille que nous venons de décrire est donc en outre un document historique dont la place ici était manifestement indiquée.

PARIS

TYPOGRAPHIE DE E. PLON, NOURRIT ET Cie

Rue Garancière, 8

www.ingramcontent.com/pod-product-compliance
Lightning Source LLC
Chambersburg PA
CBHW060619050426
42451CB00012B/2326